AF358595

Paris. — Imprimé chez Alcan-Lévy,
61, rue de Lafayette

OCTAVE LAMY

L'ART FRANÇAIS

A

L'EXPOSITION DES BEAUX-ARTS

APPLIQUÉS A L'INDUSTRIE

(PALAIS DES CHAMPS-ÉLYSÉES)

Année 1874

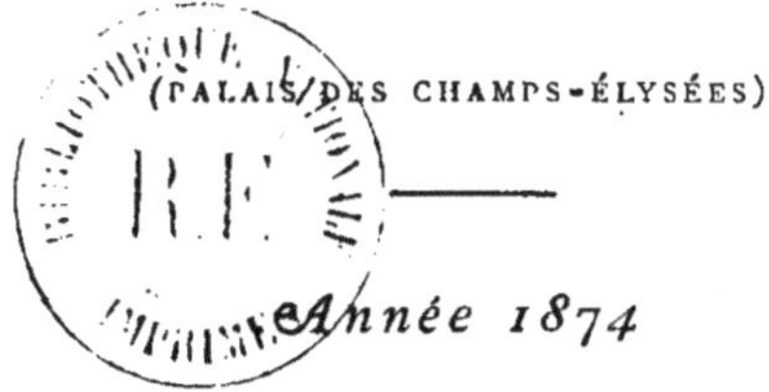

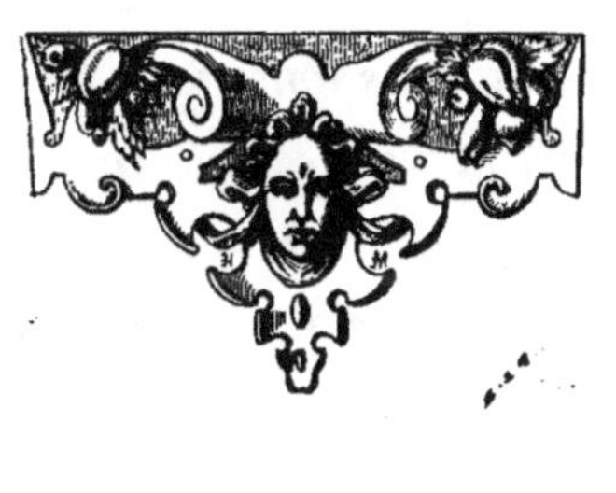

PARIS

CHEZ L'AUTEUR, 17, RUE LAROCHEFOUCAULT

AU LECTEUR

OUS n'avons pas la prétention de développer *ex-professo* toutes les questions
qui se rattachent à l'ART FRANÇAIS;
le plan en serait trop vaste et les sujets
trop variés, pour que nous puissions nous flatter de
les traiter avec le talent nécessaire. Notre ambition
porte moins haut; nous laissons à une plume plus
autorisée la mission de rendre à nos artistes modernes l'éclatante justice qui leur est due.

Mais nous avons pensé qu'il serait intéressant
pour ceux qui ne peuvent visiter l'Exposition de
l'Union centrale, de connaître les exposants dont
les objets attirent l'attention générale.

En narrateur impartial, nous avons recueilli les
impressions de la foule, relevé les critiques, enre-

gistré les éloges, et c'est en prenant pour guide les appréciations, le bon sens et le tact du public que nous avons étudié les différentes parties de cette Exposition remarquable.

Sans quitter son fauteuil, le lecteur pourra se transporter dans l'immense nef du Palais des Champs-Élysées et passer une revue des merveilles de l'Art et de l'Industrie qui y sont exposées.

Afin de lui rendre cette promenade de l'imagination aussi agréable que possible, nous nous sommes laissé conduire par la fantaisie qui mène le visiteur de l'une à l'autre Exposition, sans suivre aucun ordre, aucune classification de produits ; nous espérons que, de cette façon, notre publication par série de trente à trente-cinq exposants offrira au lecteur assez d'intérêt pour qu'il oublie les quelques lacunes résultant d'un travail un peu précipité.

OCTAVE LAMY.

Paris, 15 septembre 1874.

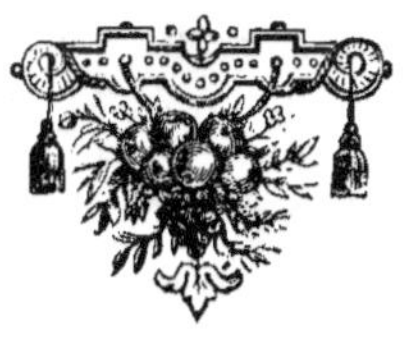

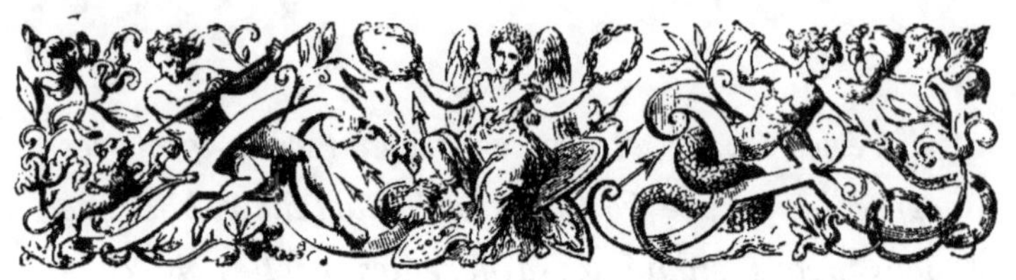

L'ART FRANÇAIS

A L'EXPOSITION DES BEAUX-ARTS

APPLIQUÉS A L'INDUSTRIE

I

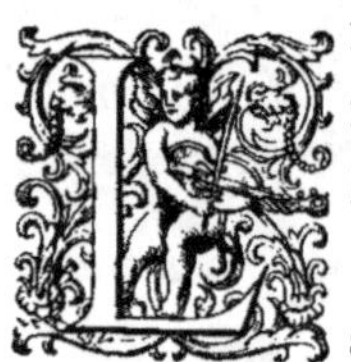ES événements de 1870-71 ont interrompu la série des Expositions de l'*Union des Beaux-Arts appliqués à l'Industrie* ; la dernière, qui remonte à 1869, avait déjà justifié les constants efforts de ses organisateurs pour atteindre ce grand but national : le progrès incessant de nos industries d'art, mais les résultats obtenus étaient restés jusqu'ici dans le domaine du monde artistique et industriel. L'Exposition actuelle vient d'appeler définitivement l'attention du public sur ces exhibitions périodiques, dont le succès paraît désormais assuré.

La séance d'ouverture, solennellement inaugurée

par le maréchal de Mac-Mahon, a été fort intéressante, bien que plusieurs vitrines n'étaient point
encore terminées. Aujourd'hui, grâce à l'activité du
conseil d'administration de l'Union centrale, à l'intelligente initiative de M. Edouard André, son président,
et au dévoûment infatigable de M. Guichard, le coup
d'œil est splendide, féerique.

Sous les galeries et dans l'immense nef du palais,
des pavillons latéraux uniformes et des tentes cen-
trales ont reçu les œuvres d'art et les reproductions
industrielles ; toutes ces expositions sont des modèles
de fantaisie élégante. Au milieu, des carrés de jardins
ont été merveilleusement disposés avec roches arti-
ficielles, grottes et cascades.

A droite, un escalier monumental à double révolution, orné de statues relatives à l'art décoratif éche-
lonnées entre les rampes et les paliers, conduit aux
salles du Musée rétrospectif. Dans les écussons et les
médaillons des cintres, nous voyons les noms des
artistes français : peintres, sculpteurs, architectes et
grands industriels qui, du xvie au xixe siècle, ont imprimé à nos industries d'art ce cachet indélébile qui
a fait et fera toujours notre éclatante suprématie.

Là, le xvie siècle est représenté par Androuet du
Cerceau, Jean Goujon, Pierre Lescot, Germain Pilon,
Bernard Palissy ; ici Lepautre, Boulle, Coustou,
Oberkampf, nous rappellent les œuvres du xviie et
du xviiie siècles ; puis, de nos jours, les Didot, les
Chenavard, les Froment-Meurice, les Odiot, les
Christofle, les Feuchère, nous disent que les artistes

français du xix° siècle portent non moins haut que leurs illustres devanciers ce flambeau toujours vivant de l'art national.

Une tendance regrettable de notre époque, et de toutes les époques sans doute, nous suggère une admiration rétrospective pour les hommes et les choses des siècles passés ; on exalte sans cesse les artistes d'un autre âge au détriment de nos ouvriers contemporains. Eh bien, il serait équitable de réagir contre cette fausse appréciation de l'art moderne, car nous croyons fermement que l'histoire impartiale lui réserve une page brillante, et que les artistes que nous aimons, que nous admirons, iront grossir dans la postérité cette phalange d'élite des maîtres français.

Nous reconnaissons que l'école italienne a eu une heureuse influence sur le développement de nos arts ; mais il faut reconnaître aussi que, dans cette *recherche du beau,* nos artistes, en s'inspirant des maîtres italiens, ont su donner à leurs œuvres cette élégance, cette délicatesse de dessin, cette originalité, en un mot, qui est le signe caractéristique de l'école française.

On nous a fait un reproche de la mobilité de notre caractère, mais c'est précisément avec cette mobilité, alliée à la richesse de nos aptitudes, que nous donnons à nos industries artistiques, par exemple, ce mouvement d'idées qui fait leur supériorité.

Quelles que soient les critiques intéressées qui nous viennent du dehors, le génie français, avec son goût, son esprit, son initiative, donne aux yeux du monde surpris le spectacle d'une vitalité qui, en adoucissant l'amertume de nos désastres, impose l'envie et l'admiration à ceux-là mêmes qui prétendaient confisquer à leur profit le mérite universel.

Nous devons donc éprouver une fierté patriotique bien légitime, en voyant ce relèvement rapide de notre activité nationale; semblable à l'or auquel le feu donne un éclat plus pur et plus vif, la France est sortie de ses revers purifiée et grandie; malgré des entraves et des difficultés de toute nature, elle a su reconquérir la place brillante qu'elle a toujours occupée dans les arts, l'industrie et la science qui sont la vraie gloire d'une nation civilisatrice.

Nos artistes et nos industriels ont victorieusement prouvé à Londres, à Vienne et ailleurs, que c'est en cherchant sans cesse des voies inexplorées, en donnant carrière à leur imagination féconde, en se faisant une arme défensive du goût national, qu'ils obligent les autres peuples à devenir tributaires du nôtre.

Les Anglais ne viennent-ils pas de donner un éclatant témoignage de l'incontestable supériorité de l'industrie française? Redoutant la concurrence que leur faisaient, aux Expositions internationales annuelles, nos bronzes, notre bijouterie, notre céramique et nos meubles d'art, ils viennent d'informer M. Du Sommerard, chargé des intérêts français à ces Expositions, que celle de cette année serait la dernière.

Cela empêchera-t-il nos voisins de venir chercher

chez nous nos richesses artistiques? Nous ne le pensons pas, et nos industriels peuvent se consoler de cet ostracisme d'outre-Manche.

Mais pourquoi ne ferions-nous pas ce que faisaient les Anglais? Pourquoi l'Union centrale ne fonderait-elle pas une Exposition annuelle et même internationale? Succès oblige et son passé répond de l'avenir. N'est-ce pas à cette collectivité de talents énergiques et d'initiatives individuelles qu'elle doit les résultats acquis? Dix ans sont à peine écoulés depuis sa fondation, et chacune de ses étapes a été marquée d'un progrès nouveau.

Ses premiers pas ont été difficiles, elle a traversé des crises dangereuses, mais elle a su triompher de tous les obstacles, grâce, il est vrai, au courage, à la fermeté de ses fondateurs. Mais aussi que d'efforts, que de sacrifices! Il fallut stimuler ceux-ci, encourager ceux-là, vaincre des préjugés, combattre des partis pris, qu'importe! Jamais lassés, toujours luttant, ces hardis pionniers de l'industrie française ont communiqué à tous la foi ardente qui les animait, et aujourd'hui, fondateurs, adhérents et exposants ne font plus qu'une seule famille dévouée à l'œuvre commune et concourant tous avec une passion égale au progrès artistique.

Nous n'insistons pas autrement, mais nous exprimons cette conviction que des hommes d'élite tels que : MM. Édouard André, Guichard, Christofle, Firmin Didot, Delagrave, Fannières frères, Gérôme, Darcel et tant d'autres dont la liste serait trop longue à énumérer, peúvent donner à leur institution un caractère à la fois pratique et grandiose : ce serait le digne couronnement de l'édifice.

Plus de deux cents exposants ont répondu, cette année, à l'appel de l'Union centrale, et dans ces créations ou ces imitations refaites originales qu'elle provoque, nous constatons que de grands talents se sont révélés, des maîtres se sont surpassés.

Certes, nous ne voulons pas dire que, dans toutes ces vitrines, il n'y ait point de critique à adresser ; nous y avons vu beaucoup de prétentions artistiques injustifiables, bien des erreurs de goût qui sont les fautes d'orthographe de l'art, mais ce sont là des défauts qui font ressortir plus vigoureusement les qualités de l'ensemble.

Nous verrons tout à l'heure les produits qui ont plus spécialement attiré notre attention; hâtons-nous de dire ici que la plupart des exposants ont rivalisé d'ingéniosité et de tālent; Beauvais n'a jamais mieux nuancé les couleurs de ses tapisseries ; Tolède n'a jamais mieux fouillé et tourmenté le fer et l'acier, Florence, le bronze et l'argent, que nos artistes de 1874.

Ces brûle-parfums et ces vases dont les dessins sont empruntés à la Chine et au Japon, ont été exécutés avec un fini merveilleux ; ces dragons ailés se détachent plus vigoureusement de la panse arrondie, les volutes de leur queue écaillée ont une courbe plus gracieuse que les objets originaux. Si nous allons aux expositions de Barbedienne, de Froment-Meurice, de

Christofle, nous y retrouvons leurs chefs-d'œuvre
légendaires ; le burin et le ciselet ont donné à leurs
coffrets d'argent, à leurs coupes de bronze, une élégance de forme, une richesse de dessin, une délicatesse de touche qui en font des modèles d'une rare
perfection. L'ameublement et les arts qui s'y rattachent sont également représentés brillamment ; nous
aurons à signaler les meubles Renaissance, Louis XV
et Louis XVI, qui nous semblent mériter une mention spéciale. La céramique est un des plus grands
succès de l'Exposition ; le genre étrusque, les poteries
ornées d'émaux, les faïences aux couleurs éclatantes,
les porcelaines aux teintes harmonieusement disposées révèlent d'immenses progrès' dans cet art en
quelque sorte retrouvé.

Sèvres et Gobelins ont envoyé les chefs-d'œuvre
qui font leur renommée traditionnelle de magnificence
et de variété ; les six grandes tapisseries destinées au
nouvel Opéra sont particulièrement remarquables.

II

L'Union centrale a sans doute voulu convier le public à une étude comparative des industries modernes
avec celles des siècles passés, car elle a organisé,
dans les galeries du palais, le Musée rétrospectif du
costume depuis les temps les plus reculés jusqu'à la
fin du xviiiᵉ siècle.

Nous avons exprimé ailleurs la déception que nous

avons éprouvée lors de l'inauguration ; à cette époque, en effet, il n'y avait que fort peu de choses, le
temps ayant manqué aux organisateurs ; mais depuis,
M. de Lajolais et la commission exécutive se sont
multipliés pour donner à cette partie du programme
général tout l'éclat désirable. Les vitrines se sont
remplies et les salles nouvellement ouvertes offrent
aux visiteurs un très grand intérêt historique et
artistique.

Parmi les membres de cette Commission, nous
trouvons les noms de MM. Darcel, administrateur des
Gobelins ; Cottier, amateur ; Jacquemard, homme de
lettres ; de Longperrier ; Lafenestre, chef de bureau
aux Beaux-Arts ; Lechevalier-Chevignard, peintre ;
Guichard, artiste décorateur ; Louvrier de Lajolais,
peintre ; Régnier, ex-sociétaire de la Comédie-Fran-
çaise.

Citer ces noms, c'est dire avec quel soin, quelle
entente du costume le Musée a été composé.

Nous pouvons maintenant passer en revue les différentes phases, les variations infinies que l'homme a
fait subir à diverses industries, particulièrement au
vêtement, depuis le moyen âge jusqu'au premier
empire ; nous assistons à ses essais, à ses tâton-
nements, jusqu'au jour où, maître de la matière, il
sut donner à la tournure d'un sabot, ou à la coupe
d'un habit, une forme élégante et plus propre à son
usage.

C'est l'histoire de l'humanité racontée par le costume.

Un grand nombre de collectionneurs de France et de l'étranger, patients fureteurs de choses anciennes, intelligents dénicheurs de tout ce qui constituait la vie chez nos pères, ont voulu seconder les efforts de l'Union centrale en apportant une foule d'objets de la plus haute curiosité et du plus vif intérêt.

Les murs des galeries sont tapissés de tentures anciennes; des tableaux de toutes les écoles et de toutes les époques complètent la décoration.

Dans la première salle, à gauche, nous avons vu une collection splendide d'habits et de robes Louis XVI, réunie par MM. Vail et compagnie; un éventail d'un travail exquis, ayant appartenu à Marie-Antoinette; il est aujourd'hui à madame la baronne de Rothschild. M. Baur possède de fort beaux costumes Louis XV et Louis XVI; il expose aussi une robe de chambre et un gilet de velours qni ont été portés par Voltaire. Dans la même vitrine, le glaive de Talma a été envoyé par M. Rémy.

M. Édouard André a détaché de sa galerie plusieurs toiles illustres, et parmi elles un beau Greuze.

Dans la salle 9, nous retrouvons MM. Baur et Vail avec leurs habits, richement brodés, et leurs magnifiques robes du règne de Louis XV; MM. Oppenheim y font figurer des costumes admirablement conservés; dans une vitrine sont exposées des dentelles à MM. de Marigny et Lefebure, il y a là du point de Venise et du point d'Alençon (xviie siècle) qui doivent exciter bien des désirs.

Plusieurs costumes de théâtre dans un parfait état

de conservation arrêtent les visiteurs; nous avons noté un habit porté par Préville, et dont la confection remonte au temps de Molière; deux grandes livrées venant de Dugazon (fin du xviii' siècle) et deux autres habits de paysan, successivement endossés par Préville, Dugazon et Régnier, l'éminent comédien que nous voudrions encore applaudir.

Ces costumes, en évoquant le souvenir de nos gloires théâtrales, inspirent les réflexions les plus flatteuses pour l'exposant. Digne héritier des illustrations de la Comédie, il transmettra à d'autres le dépôt des grandes traditions qu'il en a reçu et restera, comme elles, l'honneur de la scène française. Nous avons nommé M. Coquelin.

M. Ed. André a offert un buste en bronze du cardinal de Richelieu, d'une exécution magistrale; cette salle possède plusieurs toiles de Ph. de Champaigne , de Rembrandt et de Vélasquez; citons encore un manteau de livrée de cocher Louis XIII, à M. Villems.

Près du grand salon, on a fait une sorte de voûte noire, dont l'aspect est lugubre. C'est une procession de pénitents des différentes confréries de Limoges. Ils ont les robes longues, les cagoules baissées et portent haut la grosse lanterne ou la grande croix d'argent. Brou ! ça donne froid.....

Vite, rentrons dans le salon consacré aux xve et xvie siècles. Il y a d'abord une vitrine à MM. Achile Jubinal et Delaherche, qui renferme des merveilles de toutes sortes, bijoux Henri III, émaux, stylets, poignards, boucliers, etc. Notons la couronne de Marie de Médicis, à M. Jubinal. Plus loin, nous admirons les armes et les armures de M. Spitzer ; ce coffret de mariage en cuir gravé et doré, quel bijou ! Et dans cette autre vitrine, à M. Maillet du Boullay, ces épées et ces rapières de la Renaissance, quelle ciselure admirable !

M. Spitzer a encore ici une très curieuse exposition de coffrets sculptés, de plats repoussés et de statuettes de bronze (xv° et xvi° siècles) ; signalons aussi une superbe collection d'étoffes et d'ornements d'église, à MM. Maillet du Boullay, Tassinari et Chatel, et une cape parfaitement conservée du roi Charles IX.

La collection de M. Jubinal excite la curiosité des visiteurs, sa série de buscs de femmes et celle des peignes des xv°, xvi° et xvii° siècles, nous montrent les innombrables variations de la mode à ces époques, ce dont le pinceau ne nous donne qu'une idée assez imparfaite ; celle de gants est tout à fait admirable ; quelques-uns sont historiques, ainsi ceux que mettait le cardinal de Richelieu les jours de parade, et ceux que Marie Stuart portait la veille de sa mort. Nous avons vu également une paire de gants ayant appartenu à Marie-Antoinette. D'autres, enfin, provenant du pape Innocent V, et remontant aux premières années du xv° siècle.

M. Achille Jubinal continue sans doute cette série si intéressante de gants des temps écoulés. Nous savons qu'à Venise on portait des gants de dentelles, des gants peints, ornés de perles ou tressés en feuilles de roses, des gants à crevés pour laisser voir la blancheur des mains, etc.

Avec sa haute autorité et son grand savoir, M. Firmin Didot a pu composer une collection de livres rares et curieux; ses manuscrits sur vélin avec enluminures sont de toute beauté.

Un beau buste du comte de Hornes, à M. Couvreur, attire les regards.

Dans la salle n° 8, nous examinons la collection d'étoffes de M. Dupont-Auberville; brocatelles, velours tissés d'or, damas brochés, soieries de Lyon, fabriqués depuis Louis XIV, jusqu'au Consulat et et l'Empire; tous ces tissus, dont quelques-uns remontent à une date antérieure au xviie siècle, offrent un grand intérêt : pour les réunir, il a fallu mettre un goût parfait et une persévérance infatigable au service d'un savoir réel.

La collection de chaussures européennes et orientales de M. Pascal Jacquemart est un des plus grands attraits de cette exhibition d'objets séculaires.

La Chine et le Japon occupent la salle voisine. Extrêmement curieuse cette exposition, avec ses riches étoffes, ses broderies étincelantes, ses mules mignonnes, ses guerriers armés de pied en cap, l'inévitable éventail pendu à la ceinture. Il y a aussi des potiches du Japon, et une grosse bouteille en laque rouge, d'un travail admirable; elles appartiennent à M. Edouard André.

Madame la baronne G. de Rotschild a fait plusieurs envois à cette partie du musée, notamment de très beaux plats et assiettes de la *famille verte*; M. Bing a prêté des masques et des sabres japonais, très intéressants.

Une simple cloison sert ici de muraille à la Chine, et la sépare des Indes, de la Syrie et de l'Égypte ; MM. Collinot, Berger, Baur, Vail, Prisse d'Avesne et Dalsème, ont tiré de tous ces pays des étoffes de différentes époques; quelques-unes sont d'une richesse inouïe.

M. Henry a exposé de fort beaux costumes hongrois; ceux de la Roumanie, à M. le baron d'Avril, sont très élégants, et MM. Storay et Bellemot représentent la Grèce et l'Albanie par des spécimens très complets.

Dans une autre salle, nous revenons à la France du moyen âge.

Une vitrine commune à MM. Stein, Delaherche, Arondel, contient des aumônières, des cottes de maille, des ivoires merveilleux, des peignes, etc.; dans une autre, M. Spitzer a réuni des ivoires finement travaillés, et de superbes émaux; il a aussi de très belles épées à deux mains. M. Joyaut a exposé une Adoration des Mages, en bois sculpté, d'un beau caractère de style; les artistes de l'époque revêtaient les mages de Bethléem de pourpoints brodés d'or et de chaussures à la poulaine, mais il y avait dans leur composition un grand sentiment religieux.

Le musée de Chartres a fait parvenir l'armure de Philippe-le-Bel et un pourpoint de Charles V. Plus loin un coffret en cuivre repoussé nous permet d'apprécier ie talent merveilleux des artistes du moyenâge. Cet objet d'art est à M. Arondel.

Le siècle de Louis XIV occupe tout un salon; parmi des ornements d'église, d'une richesse extrême, nous avons remarqué un rochet ayant appartenu à Bossuet, un autre à Fénélon; ils sont aujourd'hui la propriété de M. l'abbé Bossuet; un très beau calice du xviie siècle, à M. Manheim; chasubles, étoles et manipules en belles soieries, rehaussées de broderies magnifiques, à M. Gauchez.

Nous avons vu là encore d'élégants costumes Louis XIV et Louis XV, à M. Morin; le sifflet de commandement d'un officier de marine, avec plaque et chaînette en argent, à M. Régnier de la Mallenne; MM. Pascal, Jubinal, docteur Piogey y ont joint des souliers, des bonnets et des épées.

Très curieuse aussi la petite statue équestre de Louis XIV, en bronze du temps, que possède M. Récapé.

Mentionnons également la collection de cannes de M. Verdier, qui se trouve éparpillée un peu partout; il est à peine besoin d'ajouter qu'elle a été composée avec autant de goût que d'expérience : toutes les époques y sont représentées.

III

En quittant le Musée rétrospectif, nous entrons à

l'Exposition des travaux exécutés par les élèves des Écoles de Dessin de Paris et des départements.

Nous y remarquons plusieurs compositions heureuses, quelques cartons pleins de promesses ; les écoles ne sont pas nombreuses, mais les envois ont été bien choisis. L'ensemble de ce concours est très satisfaisant, et nous constatons un véritable progrès sur ceux qui l'ont précédé.

Depuis longtemps déjà, l'importante question de l'enseignement du dessin artistique et industriel préoccupe, à juste titre, ceux qui s'intéressent au développement de nos arts. Ce sera la gloire de l'Union centrale d'en avoir tenté la réorganisation, et nous espérons qu'avec le concours d'excellents professeurs, elle se félicitera bientôt d'avoir entouré cette partie de ses travaux d'une sollicitude toute particulière.

Il ne faut pas oublier qu'aux époques les plus brillantes de l'art, c'est par l'étude approfondie du dessin que les artistes les plus illustres sont arrivés à la perfection.

Chez les Grecs, le dessin populaire avait atteint sa plus haute expression ; nous en avons de vivants témoignages dans leurs chefs-d'œuvre qui ont traversé les âges pour venir jusqu'à nous.

Avec la Renaissance, nous voyons la France revenir au goût pur et simple de l'Antiquité ; la peinture, la sculpture, l'architecture se nourrissent de fortes études qui forment les Jean Goujon, les Germain Pilon, les Titien ; c'est avec la connaissance exacte de toutes les branches du dessin que ces maîtres ont pu donner à leurs œuvres immortelles la justesse, la vérité de forme et de perspective, l'harmonie parfaite dans la partie avec le tout.

La nature était leur seul modèle; Michel-Ange, ce glorieux descendant des Étrusques et le divin Raphaël l'avaient toujours devant les yeux, ils ne faisaient rien de convention.

Dans son *Traité de la Peinture*, Léonard de Vinci donnait aux artistes de son temps des conseils qui restent des préceptes immuables. « Un peintre doit être universel, dit-il. Il faut qu'il étudie tout ce qu'il rencontre, c'est-à-dire qu'il le considère attentivement, et que, par de sérieuses réflexions, il cherche la *raison de ce qu'il voit*; mais il ne doit s'attacher qu'à ce qu'il y a de plus excellent et de plus parfait dans chaque chose. Aussi, comme un miroir représente tous les objets sous leurs couleurs et leurs caractères particuliers, l'*imagination* d'un peintre accoutumé à réfléchir, lui représentera tout ce qu'il y a de plus beau dans la nature. »

L'observation de cette règle est d'absolue nécessité pour tous les artistes et pour tous les genres.

L'étude du dessin fut très négligée au xviie et au xviiie siècles; la pompe exagérée du règne de Louis XIV, la fausse grâce, l'afféterie de celui de Louis XV, devaient fatalement amener l'altération des formes; mais si depuis la fin du xviiie siècle il y eut une sensible amélioration, nous devons constater que nos artistes modernes ont encore un sentiment plus élevé de l'art pur, ils reviennent aux saines traditions de l'Antiquité et de la Renaissance, les seules, selon nous, dont ils doivent s'inspirer pour donner à l'école française un degré de perfection digne de ses plus hautes périodes.

L'Union centrale semble avoir entrepris la tâche aussi glorieuse que patriotique de populariser le goût du dessin et de le faire pénétrer partout, sans cependant patronner telle ou telle méthode. Dans un remarquable rapport de M. René Ménard sur les Écoles de Dessin, nous empruntons les lignes suivantes qui nous paraissent résumer la pensée des honorables membres de l'Union :

« Notre but est donc bien nettement entrevu : pousser les élèves vers l'atelier, parce que l'histoire et le bon sens nous démontrent que l'atelier seul peut former des hommes pratiques, voilà ce que nous voulons. Mais, en même temps, nous voulons encore qu'ils trouvent dans nos écoles l'enseignement fortifiant qui grandit l'intelligence en leur montrant que *l'art est un* et domine toutes les spécialités ; et quand nous demandons que cet enseignement s'applique largement et simultanément à toutes les branches du dessin, sans en négliger aucune, nous ne sommes pas des novateurs et des révolutionnaires, mais nous nous rattachons au contraire à toutes les traditions de la Renaissance, qu'on a trop négligé de suivre. »

On ne peut qu'applaudir à ces paroles et désirer qu'elles soient entendues de tous.

Mettons-nous donc courageusement à l'œuvre!

préparons l'avenir par de fortes études, développons
le sentiment du Beau chez l'élève et chez l'ouvrier,
nous aurons ainsi bien mérité du pays, car, en lui apportant un puissant élément de moralisation, nous
augmenterons dans de larges proportions la richesse
et l'éclat de nos produits artistiques.

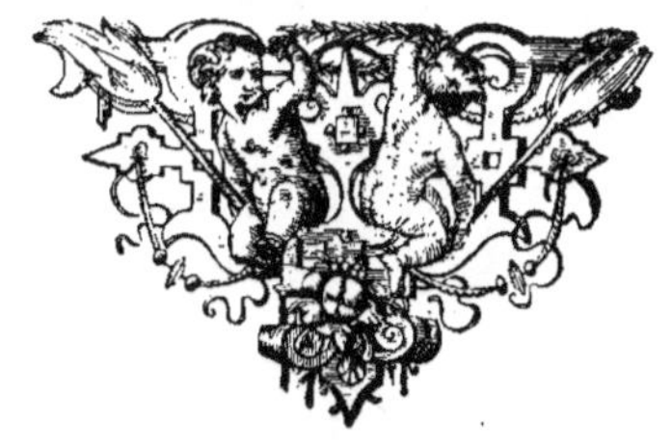

LES EXPOSANTS

MM. Barbedienne, Christofle, Denière, Froment-Meurice, Société ano-nyme du Val d'Osne, Société industrielle de Rouen, Veyrat père et fils, Lemaire, Diehl, Schlossmacher, Delagrave, Paul Soyer, Bertrand, Rigolet, Chiffray, Gaidan, Pautrot et Vallon, Cellière, Barbizet, Pfulb et Pottier, Kaltenheuser, Barthe, Massonnet, Bodart (Emmanuel), Bodart (J.-B.), Pain, Vogt, Bergue, Daubron, Guelton, Caussinus, Bourdon et Robert.

BARBEDIENNE

BRONZES D'ART

3o, boulevard Poissonnière.

N a tellement épuisé toutes les formes de la louange pour cet industriel, que notre tâche n'est pas facile; nous devons cependant nous incliner au passage devant celui dont le dévouement à l'art et aux artistes vient d'être récompensé par la croix de commandeur de la Légion d'honneur.

Dans son honorable carrière, il a parcouru le domaine de l'art en maître, découvrant les chefs-d'œuvre ignorés ou oubliés, ressuscitant des procédés perdus, développant le mérite de ses

3

artistes, mais avec un désintéressement digne des plus grands éloges, en laissant toujours à ses collaborateurs la part de gloire qu'ils s'étaient acquise.

La maison Barbedienne n'a pas cru que ce fût assez de dépasser les émaux japonais par une grande pureté de pâte et de faire disparaître ces légers boursouflements qui déparent les émaux du Japon, elle a voulu obtenir des couleurs plus belles et les a obtenues ; elle a même accompli un tour de force qui a dû singulièrement étonner les Japonais : elle a, dans le même cloisonnement, réuni des nuances fondues. Nous ne désignerons pas tel ou tel vase de son exposition, ils sont tous merveilleux, quelles que soient leur dimension.

S'il pouvait y avoir dans cette exposition une œuvre capitale, nous citerions la reproduction en bronze à moitié grandeur des *Portes du baptistère de Florence*, aussi admirable que l'original ; mais en nous retournant, nous voyons un *Meuble en ébène* revêtu d'ornements en cuivre gravé au plein, d'une architecture magistrale ; il n'y a pas un ornement qui ne soit du style renaissance le plus pur, et, pour couronner ce morceau remarquable, il est décoré de deux reproductions de Jean Goujon, auxquelles il ne manque que sa signature.

Ce meuble renferme quelques-uns de ces *bibelots* qui, malgré leur peu d'importance, n'en portent pas moins le cachet indélébile du fabricant ; signalons surtout une *Pendule en argent* que le plus habile des ciseleurs florentins n'aurait jamais osé entreprendre ; elle échappe à la description : on admire, mais on renonce à décrire.

Nous citerons rapidement une pendule et des candélabres Louis XVI, dorés au grand feu : c'est inimaginable de richesse et de bon goût ; des vases et des jardinières étrusques, en bronze ; une reproduction de la statue de Mercier : *David venant de décapiter Goliath ;* les brûle-parfums pompéiens, les lampadaires, les lustres, pour arriver à deux cheminées sortant des nouveaux ateliers de marbrerie que la maison Barbedienne vient de créer. L'une, en marbre blanc, est une idylle, c'est quelque chose de frais et de charmant comme une pastorale de Longus ; l'autre, en marbre noir de Flandre, style Louis XVI, renferme dans son fronton une peinture sur émail et grisaille , représentant une ronde d'amours joufflus, qui est bien l'émail le plus remarquable qui ait été fait en France depuis que Petitot, l'émailleur du roi Louis XIV, n'est plus de ce monde.

Félicitons-nous de vivre à une époque où nous pouvons trouver réunis, par la même main, les plus brillantes expressions de l'art ancien et de l'art moderne.

Plusieurs médailles de coopérateurs ont été accordées à la maison Barbedienne. Une médaille d'or à M. Levillain ; une médaille d'or à M. Thesmar ; un rappel de prix de 1re classe à M. Serré, et un prix de 2e classe à M. Fribourg.

CHRISTOFLE ET Cie

FABRICANTS D'ORFÈVRERIE

56, rue de Bondy.

IL faut remonter jusqu'aux temps les plus reculés pour retrouver l'origine de l'orfèvrerie; la Judée, la Grèce, et plus tard les Romains excellèrent dans cet art que « le bon Saint-Éloi » fit refleurir en France au viie siècle. Il eut ensuite des alternatives d'éclat et d'abaissement, mais il reprit sous Louis XIV, avec Germain, une place brillante et définitive dans les arts industriels.

Stationnaire jusque vers 1840, l'orfévrerie devint, à cette époque, l'objet d'une importante révolution sous l'habile impulsion donnée par M. Charles Christofle, fondateur de la maison actuelle.

Ses procédés de dorure et d'argenture électro-chimiques, en introduisant dans les ménages les plus modestes l'usage de l'argenterie, réservée jusque-là aux tables aristocratiques, réali-

sèrent un progrès considérable. Les classes élevées augmentè-
rent le luxe de leurs services à des conditions inespérées, et les
autres les accueillirent comme un bienfait au point de vue de
l'élégance et de la salubrité. Quelle reconnaissance le duc de
Leinster n'eût-il pas vouée à M. Christofle s'il eût vécu de nos
jours ? Au siècle dernier, ce noble lord menait grand train, et
son nombreux domestique faisait une consommation prodigieuse de faïences et de verreries; pour n'avoir plus à renouveler
aussi souvent la vaisselle de ses gens, il prit le parti de les faire
manger à la cuisine et à l'office dans des assiettes d'argent et
boire dans des gobelets du même métal!

Dans cette savante transformation, le grand industriel se li-
vra à des efforts incessants pour donner à l'orfèvrerie artistique une précision de lignes et une régularité de formes que le
travail manuel et personnel ne pouvait atteindre, avant lui,
que difficilement et à grand frais.

Une médaille d'or et la croix de la Légion d'honneur, en
1844, la grande médaille d'honneur à l'Exposition universelle
de 1855, la croix d'officier de la Légion d'honneur en 1862,
furent les plus hautes récompenses d'une carrière qui restera
l'honneur de l'industrie nationale.

Après sa mort, ses deux plus actifs collaborateurs : M. Paul
Christofle, son fils, et M. Henri Bouilhet, son neveu, poursui-
virent son œuvre avec persévérance et élargirent encore la voie
tracée par lui.

L'Exposition universelle de 1867 et celle de Vienne (1873)
ont jeté un nouvel éclat sur cette maison, dont nous retrouvons
les produits, cette année, aux Beaux-Arts appliqués à l'industrie.

L'orfèvrerie argentée tient une large place dans la fabrication
de MM. Christofle; mais, fidèles à leurs traditions et fiers du
rang élevé qu'ils occupent dans l'industrie, ils poursuivent avec
une ardeur infatigable le progrès et le développement de l'art et
de la science. C'est pour satisfaire leur noble ambition qu'ils
ont créé de nombreux ateliers et laboratoires pour l'élaboration

du cuivre et de ses alliages et des métaux précieux, ainsi que pour l'exécution des bronzes incrustés, des émaux cloisonnés, et des grandes pièces de galvanoplastie, dont leur exposition nous montre d'importants spécimens.

Si restreint que soit notre cadre, nous allons indiquer quelques-unes des merveilles qui provoquent l'admiration du public.

Nous trouvons d'abord, dans nos notes, un *Meuble à bijoux* style Renaissance, dont la partie décorative est d'une richesse inouïe. Jamais l'art de l'orfèvrerie n'a été poussé aussi loin. Monté sur deux colonnes et deux pilastres ornés de chapiteaux et appliques de bronze doré, il est fermé par une porte ornée d'un panneau de bronze doré à jour, encadrant un émail translucide d'un fini merveilleux. Le coffre est en acier damasquiné et les tiroirs sont incrustés d'ivoire. La ciselure, le bronze patiné, l'or de différentes couleurs donnent au dessin et à l'architecture générale un relief et un éclat inimaginables.

Le *Vase d'Anacréon* est une œuvre magistrale qui consacre la supériorité des procédés de la maison Christofle pour la décoration du bronze par incrustation. Ce vase a 1 mètre 60 c.

La *Grande Jardinière* en émail, montée sur trépied en bronze nuancé d'or, est comme le Vase d'Anacréon, d'une exécution hors ligne, et suffirait, à elle seule, pour illustrer un artiste. C'est une composition de premier ordre, représentant un vol de cigogne au-dessus des eaux de la mer. Elle a 1 mètre 40 c. de hauteur.

La *Garniture de cheminée*, émail et incrustation, et *la Glace à cadre carré* incrusté d'or et d'argent avec agrafes en émail, sont aussi des chefs-d'œuvre de goût pur et de travail exquis.

MM. Christofle font les émaux cloisonnés sur cuivre de manière à rendre jaloux les Japonais et les Chinois ; leurs guéridons à dessus d'émail sont irréprochables, tant à cause de la vivacité du coloris et du dessin que de la finesse de la cloison ;

les *deux Grandes Potiches*, émail fond bleu avec gourdes et vignes grimpantes, sont d'une richesse et d'une vigueur de ton que les Japonais peuvent égaler mais non surpasser.

Sans parler de l'importance de ces deux pièces, les plus grandes qui aient été faites jusqu'à ce jour en Europe, elles ont encore pour nous un mérite transcendant : c'est de l'art français et qui n'a rien à envier aux artistes du mikado.

Dans l'*orfévrerie argentée*, nous avons remarqué un *Surtout* Louis XIV d'un style excellent ; la Musique et la Danse ont une grande élégance d'attitude, et les figures dansantes des deux candélabres sont habilement mouvementées.

Le *Surtout* Louis XVI rappelle les meilleurs dessins de cette époque où la grâce s'alliait heureusement à la pureté de la ligne.

M. Carrier-Belleuse a modelé un *petit surtout* Renaissance qui est un véritable bijou.

Signalons aussi un autre *petit surtout* qui nous montre la forme antique dans toute sa beauté ; le plateau en bronze incrusté d'argent a été exécuté d'après les documents trouvés à Pompéi.

L'*orfévrerie d'argent* nous offre des spécimens variés ; mais les plus riches, comme les plus modestes, attestent la même recherche du Beau.

Le *Service à thé*, style grec, est en argent repoussé et orné de mascarons avec dépouilles d'animaux ; le plateau est en bronze incrusté d'or et d'argent ; un autre également en argent repoussé, est décoré avec un rare bonheur ; l'artiste a pris comme motifs les feuillages de thé, de café et de trèfle. C'est d'un effet charmant.

Le *Saint-François d'Assise*, exposé sous un petit dais, excite vivement l'admiration de la foule. Deux reproductions en ont été faites, l'une en bois peint, l'autre en bronze. On discute laquelle est la meilleure ; nous avouons qu'après les avoir examinées attentivement, il nous serait impossible de nous prononcer ; la physionomie est remplie d'expression, les plis de la robe laissent deviner la forme d'un corps amaigri par le jeûne et les macérations. C'est de l'art au plus haut degré. L'original de cette statue d'*Alonzo Cano* est enfermé dans la cathédrale de Tolède; M. Zacharie Astruc a pu en prendre une copie après mille difficultés.

La *galvanoplastie*, considérablement perfectionnée par MM. Christofle, peut rendre d'éminents services à l'art et aux artistes. Nous serions heureux de voir les musées de France et de l'étranger recourir à leurs procédés de reproduction pour la vulgarisation d'un grand nombre de chefs-d'œuvre ignorés.

L'immense variété de fabrication de cette maison nécessite un personnel de quatorze cents ouvriers. Nous ne voulons pas finir cette notice sans mentionner son action bienfaisante sur tout ce qui l'entoure : une constante sollicitude veille aux intérêts matériels des nombreuses familles qu'elle emploie, et depuis l'apprentissage jusqu'à la vieillesse, l'ouvrier reçoit constamment les marques d'une bienveillance intelligente et d'une bonté inépuisable.

Disons aussi que des collaborateurs du plus grand talent, tels que MM. Math. Moreau, Carrier-Belleuse, Eudes, Rouillard, comme statuaires; M. Rossigneux, comme architecte, et M. E. Reiber, chargé de la direction de l'atelier de dessin, secondent MM. Christofle qui semblent avoir pris pour mission d'élever l'art français à sa plus haute expression.

MM. Christofle et Bouilhet ont été faits chevaliers de la Légion d'honneur, juste récompense de leurs efforts et de leurs travaux.

Le remarquable talent de M. Reiber a été vivement apprécié par le jury qui lui a décerné une médaille d'or. D'autres médailles de coopérateurs ont été accordées à M. Mallet (prix de ı^{re} classe) ; à MM. de Courcy, Tard (prix de ı^{re} classe) ; à M. Berger (prix de 2e classe) ; et des mentions honorables à MM. Fizelier, Marioton, Schropp, Trotte, Arsène Morin et Arthur Roquet.

DENIÈRE *(Guillaume)*

FABRICANT DE BRONZES

15, rue Vivienne.

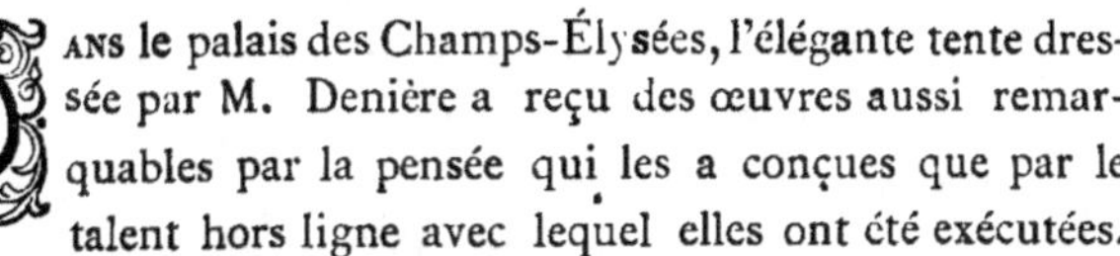

DANS le palais des Champs-Élysées, l'élégante tente dressée par M. Denière a reçu des œuvres aussi remarquables par la pensée qui les a conçues que par le talent hors ligne avec lequel elles ont été exécutées. Parmi nos industries de luxe, celle du bronze artistique a conquis des titres sérieux à l'admiration publique, et nous ne rencontrerons pas de contradicteurs en affirmant que M. Denière est un de ceux qui ont le plus contribué à son prodigieux développement.

L'art de fondre le bronze remonte à la plus haute antiquité, et plusieurs siècles avant J.-C. on coulait déjà des statues dont l'histoire nous a transmis des descriptions qui prouvent que les artistes de cette époque étaient arrivés à un certain degré de perfection ; disparu avec la civilisation romaine, cet art reparaît avec les artistes de la Renaissance, mais le bronze dans toutes ses applications ne pénétra dans le domaine de l'industrie que vers la fin du dix-septième siècle ; au temps de madame Dubarry, Goutherie inventa la dorure au mat qui ouvrit au bronze une carrière nouvelle ; depuis lors il est devenu un objet de luxe et d'ameublement.

C'est surtout dans ces quarante dernières années que cette belle industrie s'est élancée vers des hauteurs inconnues jusqu'ici, et, grâce à quelques personnalités éminentes, elle tient à honneur de prouver, toujours et partout, la suprématie de notre goût national.

A M. Denière revient une partie de cette gloire, et l'art doit lui en être reconnaissant. Il suffit de visiter son exposition ou ses magasins pour se convaincre qu'on est en présence d'une puissante individualité qui communique à tout ce qui l'entoure l'ardeur, le talent, la foi !

Une des œuvres capitales exposées, est la grande grille en bronze, exécutée pour la salle du Trône de Norodam Ier, roi de Cambodge ; M. Ducrot, qui l'a dessinée et sculptée, s'est naturellement renfermé dans le style indien, mais, avec beaucoup d'habileté, il a su en éviter la lourdeur. Les grandes torchères Louis XVI, figures d'après Clodion, ainsi que la grande jardinière en bronze doré, supportée par trois enfants en bronze noir, sont également des œuvres magistrales. Les lampadaires Louis XIV en cuivre poli, les lustres et appliques Louis XVI, révèlent une grande observation du style et une science approfondie du dessin.

Il n'est pas nécessaire, sans doute, de dire que M. Denière est depuis longtemps hors concours ; cette année, le jury a décerné à M. Ducrot une médaille de coopérateur de 2e classe, et des mentions honorables à MM. Barre et Sédille.

FROMENT-MEURICE

JOAILLERIE. — OBJETS D'ART

372, rue Saint-Honoré.

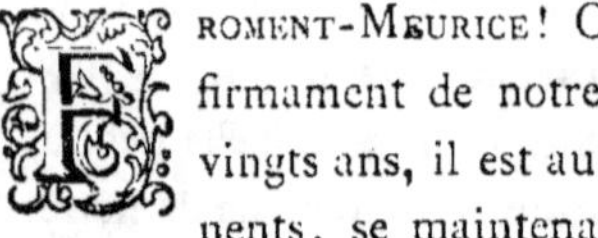

ROMENT-MEURICE ! Ce nom brille du plus vif éclat au firmament de notre monde artiste ! Depuis quatre-vingts ans, il est au premier rang parmi les plus éminents, se maintenant toujours dans sa sphère glorieuse avec une réputation depuis longtemps universelle. Que vient-on nous parler sans cesse des artistes d'un autre âge ? Ne doit-on pas être fier d'une époque qui laissera après elle des œuvres signées : Froment-Meurice.

Nous en appelons à l'impartialité des artistes, la ciselure a-t-elle jamais atteint ce degré de perfection ? Les sculpteurs grecs et romains étaient d'habiles ciseleurs; on cite même le talent exceptionnel de Scopas, mais depuis la Renaissance, qui laissa dans cet art des œuvres impérissables, vit-on jamais rien de supérieur aux créations du grand artiste que nous n'hésitons pas à nommer le Benvenuto du dix-neuvième siècle ? Voyez les groupes d'animaux en argent offerts par le Ministre de l'agriculture aux Concours agricoles ! N'est-ce pas admirable d'attitude et de mouvement ? C'est la nature prise chez elle. Si, de là, nous passons à la petite orfévrerie d'or, est-il rien de comparable à cette buire, cette tasse et sa soucoupe en or repoussé et ciselé ? C'est délicieux de forme et de travail. Et cette aiguière en cristal et émail, quel goût !

Il n'est point d'ailleurs un seul objet exposé qui ne provoque chez le public une attention admirative ; ainsi, par exemple, les bijoux émaillés Renaissance d'un prix artistique inestimable, et les bijoux en jade vert émeraude, comme l'empereur Tu-Duc n'en possède certainement pas ; puis un collier en brillants et roses dont les fleurs suspendues sont du plus éblouissant effet, et une grande broche coquille Louis XIV qui est une pure merveille.

L'orfévrerie de table est représentée par plusieurs services en argent massif ciselé : un service Louis XIV et un thé Louis XVI dans un style d'une rare élégance.

Il est impossible aussi de ne point s'arrêter devant cette jeune femme dont les nus sont en ivoire ; l'ensemble et les détails sont d'une perfection inimimable. Nous aimons beaucoup aussi cette adorable petite lampe ; les pareilles ont été fabriquées, croyons-nous, pour Mgr. le comte de Chambord qui les a offertes au Saint-Sépulcre.

M. Froment-Meurice a exposé encore une statue de marbre, de Clésinger, ornée de bijoux égyptiens ; ceux-ci ont été composés et exécutés sur des dessins puisés aux sources les plus authentiques. C'est un ravissant spécimen de l'art oriental.

Quand nous aurons cité la statue d'argent avec bas-relifs en marbre blanc, d'Émile Carlier, offerte par l'industrie rouennaise à M. Pouyer-Quertier, nous aurons passé une revue sommaire de cette exposition qui est incontestablement une des plus éclatantes manifestations de l'art français.

Plusieurs coopérateurs de M. Froment-Meurice viennent d'être récompensés par le jury de l'Union centrale. M. Hubert a reçu un prix de 1re clasre, et M. Cameré un prix de 2e classe.

D*AUBRON frères*

PORCELAINES DÉCORÉES

10, rue Oberkampf.

ETTE Maison expose des porcelaines de la Manufacture de Sèvres qu'elle décore avec un goût et un art si merveilleux, qu'elles peuvent rivaliser avec les produits spéciaux. Elle se distingue surtout par une remarquable entente de l'agencement et par le choix habile qu'elle apporte dans les divers talents dont elle dispose. Son exposition est fièrement campée au grand jour de l'immense nef du Palais des Champs-Élysées ; les services à thé et à café, les coupes, buires, aiguières, et les vases grand style, avec leurs montures de bronze doré, appellent avec confiance l'examen sérieux des vrais artistes et des amateurs.

Nous félicitons sincèrement cette Maison qui, dès son début aux Expositions, vient de s'affirmer par le succès très réel qu'elle vient d'obtenir aux *Beaux-Arts appliqués à l'Industrie*, et que justifie la récompense accordée par le jury.

Société Anonyme

DES

HAUTS-FOURNEAUX ET FONDERIES

DU

VAL D'OSNE

58, boulevard Voltaire

'IMPORTANTE Société anonyme des Hauts-Fourneaux du Val d'Osne a pris au pied de la lettre le but de l'Exposition : *Les Beaux-Arts appliqués à l'Indus-trie.* Elle aurait pu montrer au public la grande variété de ses produits qui se rattachent à l'art architectural ; elle a préféré soumettre à son jugement des œuvres d'art proprement dites, c'est-à-dire des groupes, des statues, des fontaines en fonte artis-tique.

Nous avons remarqué son *groupe de Laocoon*, de la gran-deur de l'original, fort bien réussi : un *Taureau* s'avançant cornes baissées, menaçant et plein de force ; son pendant : *le Taureau qui fend l'air de ses mugissements ; le Valet aux chiens*, très vrai d'expression ; l'*Amour taillant son arc dans la massue d'Hercule*, et enfin plusieurs types de ces fontaines que la reconnaissance publique désigne sous le nom de Wallace.

Un des côtés très remarquables de cette Exposition, c'est l'application d'un nouveau procédé très longtemps recherché, et qui consiste à faire adhérer, au moyen de piles voltaïques, une couche de cuivre à la fonte de fer ; nous avons longuement étudié les spécimens de cette heureuse découverte, et nous avons pu nous convaincre de la solidité de l'enveloppe en cuivre ainsi que de son adhérence.

Dans un ordre d'idées plus ordinaire, nous devons rappeler que le Val d'Osne possède la spécialité des vases de cuisine en fonte étamée, qui nous paraissent de beaucoup préférables aux ustensiles en fonte émaillée ; sous l'action de la chaleur, celle-ci dégage des sels de plomb toujours nuisibles et parfois mortels. Il y a là une question d'hygiène publique d'une grande importance ; notre cadre ne nous permet pas de la traiter, nous ne voulons que l'indiquer.

S'il est impossible d'obtenir avec la fonte de fer un fini aussi complet qu'avec le bronze, il nous paraît impossible aussi de pousser la réussite plus loin que les forges du Val d'Osne. La propagation de ses produits dans nos musées de province, dans nos églises, sur nos places publiques, des meilleures œuvres de l'art ancien et moderne, ne peut qu'être très vivement encouragée ; ce n'est pas de l'art musical seul que l'on peut dire :

Emollit mores, nec sinit esse ferros,

tous les arts concourent à l'adoucissement des mœurs, et, sous quelque forme qu'on les présente, ils font pénétrer dans les masses le sentiment du Beau en même temps qu'ils les rendent meilleures.

Il y a de plus pour les grandes administrations une question d'économie fort intéressante ; l'étude de l'album des forges du Val d'Osne démontre clairement que cette importante usine peut fournir dans d'excellentes conditions tout ce qui se rattache à l'ornementation.

Il suffit de jeter un coup d'œil sur le catalogue pour voir combien les grands industriels qui dirigent ces hauts-fourneaux ont été victorieux partout où ils ont exposé. Après plusieurs médailles obtenues en 1834 et 1839, nous leur voyons une médaille d'or et une croix de chevalier de la Légion d'honneur en 1844 ; une autre médaille d'or en 1849 et, en 1851, après l'Exposition de Londres, une autre croix de chevalier de la Légion d'honneur. L'Exposition universelle de 1855 leur valut la médaille d'honneur ; celle de 1867, une médaille d'or, et enfin, à Vienne, l'annnée dernière, un diplôme d'honneur et une croix.

Hors concours.

Société Industrielle de Rouen

EXPOSITION COLLECTIVE

Représentant : M. SCHEIDECKER

33, rue des Jeûneurs.

A cretonne est une création essentiellement française, puisqu'elle tire son nom de Creton, fabricant rouennais qui, le premier, inaugura ce genre de fabrication il y a environ deux siècles ; ce fut, et c'est encore un tissage de fils de lin et de chanvre; mais, depuis longtemps déjà, nos manufacturiers ont imaginé la cretonne de coton qui rend d'immenses services, non-seulement dans le linge de corps, mais encore dans les étoffes de robe et d'ameublement. Plus forte, plus résistante que l'indienne, elle offre à l'impression une affinité plus grande. Avec les procédés que la chimie a mis au service des industriels de la vieille cité normande, ceux-ci sont arrivés à produire des tissus d'une richesse de ton et d'une solidité de teinture que l'industrie étrangère peut égaler, mais non surpasser.

Quant à la teinture qui joue un si grand rôle dans la fabrication rouennaise, elle a atteint un degré de perfection inimaginable. Depuis les Phéniciens, qui, les premiers, teignirent avec la pourpre et le coccus, cet art a subi bien des phases diverses ; dégénéré, presque disparu au moyen âge, il se releva au seizième et au dix-septième siècle, et Colbert, par des règlements spéciaux, lui fit faire un grand pas. Depuis le commencement de ce siècle, les découvertes de la science lui ont donné un vigoureux essor, et c'est aujourd'hui une des plus florissantes industries de la France, intimement liée à la fabrication des étoffes de tous genres.

Les toiles peintes, plus connues sous le nom d'*indiennes*, étaient autrefois un objet de luxe, mais elles sont devenues accessibles à tous, grâce à l'habileté de nos manufacturiers qui veulent toujours rester à la hauteur de leur vieille et solide réputation.

Les produits exposés au palais des Champs-Élysées sont d'admirables spécimens, aussi bien par le bon goût de leurs dessins que par la vivacité des coloris.

Nous citerons, par exemple, les indiennes de M. Lacassaigne, celles de M. Rondeaux et les étoffes de MM. Hazard et Horaist qui ont valu à leurs producteurs plusieurs récompenses dans différentes expositions.

Les étoffes d'ameublement sur cretonne sont brillamment représentées par M. Besselièvre fils, fabricant et président de la Société industrielle de Rouen, ainsi que par MM. Girard et Cⁱᵉ; ce sont des tissus inaltérables et d'un merveilleux effet que de précédents jurys ont déjà appréciés à leur valeur en leur accordant la première médaille. MM. Girard et Bardin ont reçu la croix de chevalier de la Légion d'honneur.

M. Delamare expose des teintures et des chinages splendides; ils attestent que depuis 1843, époque à laquelle l'exposant a conquis son premier prix, de grands progrès ont été réalisés par lui.

Enfin, M. Stackler et MM. Keittinger et fils (M. Kettinger a été décoré pour le haut mérite de sa fabrication), complètent cette intéressante collection par des produits de premier ordre et dont l'industrie rouennaise doit être fière.

Cette exposition collective a remporté l'un des Prix d'honneur de l'Union centrale.

Nous n'avons rien à ajouter.

A. VEYRAT & fils aîné

ORFÈVRES

21, rue du Château-d'Eau.

Nous avons eu la bonne fortune de nous rencontrer à l'Exposition de MM. Veyrat avec l'un de nos meilleurs ciseleurs ; ses appréciations, basées sur un jugement droit, élevé, dont tous les jurys font le plus grand cas, nous ont paru intéressantes à noter, et c'est en quelque sorte sous sa dictée que nous écrivons ce qui suit :

La Maison Veyrat a environ soixante années d'existence ; toujours au premier rang dans la lutte et les efforts des artistes industriels, elle s'est souvent signalée par des innovations heureuses et des œuvres remarquables ; M. Veyrat père, aujourd'hui le doyen des fabricants d'orfévrerie, a conquis laborieusement une situation qui reste un exemple ; il compte à son actif, non-seulement toutes les récompenses possibles dans toutes les Expositions, mais encore une distinction des plus flatteuses et bien digne de l'honorabilité de sa carrière : sa nomination, en 1866, de juge au Tribunal de commerce.

L'Exposition de la Maison Veyrat révèle les meilleures qualités de la véritable *orfévrerie en argent pour le service de table ;* toutes les pièces, les plus modestes comme les plus riches, ont été l'objet d'un soin minutieux, d'une exécution parfaite et d'une recherche constante du bon goût allié au confortable.

Nous avons constaté avec quelle connaissance approfondie du dessin les œuvres de MM. Veyrat sont ordonnnées : leur *service à thé,* en argent, est dans le style Louis XVI le plus pur et le plus gracieux, et nous avons fort apprécié aussi une cafetière, douze tasses et un plateau en argent, vermeil et émail, dont la forme est empruntée aux dessins de la Turquie.

Nous devons une mention particulière à plusieurs objets d'art très remarquables. Un *coffret à bijoux*, en argent, style Renaissance, d'un travail exquis ; une statue de *Ganymède*, grandeur naturelle en bronze, due au ciseau de M. H^{te} Moulin, l'un des meilleurs collaborateurs de MM. Veyrat.

Le *Ruolz* proprement dit est employé par ces Messieurs avec une science et un talent hors de toute critique.

Le *surtout de table* néo-grec, le *service à thé* Louis XV, dû au crayon de M. E. Guichard, sont des œuvres du meilleur goût ; trois sujets allégoriques, le *Commerce* et l'*Agriculture*, la *Guerre* et la *Marine*, les *Sciences* et les *Arts*, sculptés par M. Ambroise Choiselat, sont aussi remarquables par les détails que par l'ensemble d'une harmonie parfaite.

Il y a des traditions de famille qui sont une force pour ceux qui les suivent ; elles perpétuent de père en fils les sentiments de devoir et d'honneur dont s'enorgueillissent nos premières maisons, c'est là que MM. Veyrat trouvent leurs plus puissants moyens d'action. M. Veyrat fils, associé depuis dix ans avec son père, a aujourd'hui la direction des ateliers, et il lui revient une bonne part du succès toujours croissant de la maison ; ainsi que son père, l'un des plus ardents promoteurs de l'Union centrale, il cherche ses inspirations dans la devise de cette belle institution : *Le Beau dans l'Utile*.

Hors concours.

LEMAIRE (Auguste)

BRONZES D'ART ET D'AMEUBLEMENT

121, rue Vieille-du-Temple.

LE public a particulièrement remarqué les œuvres de M. Lemaire, et tous les personnages officiels ou semi-officiels ont fait une station à sa tente élégante située en face celle de Christofle.

Nous y avons vu le maréchal-président, la grande duchesse Marie, la comtesse de Paris, M. Thiers, exprimant leur satisfaction en présence de cette brillante manifestation de l'industrie artistique ; c'est qu'aussi cette exposition est de celles qui s'imposent à l'admiration, par la variété des objets qu'elle renferme et par le talent incontestable avec lequel ils ont été exécutés. Que ce soit une copie d'un modèle ancien ou une création nouvelle, on retrouve toujours une grande pureté de dessin, une recherche constante de l'harmonie parfaite dans toutes les parties de l'œuvre.

Nous voudrions pouvoir faire une description minutieuse de cette Exposition, mais il nous suffira d'indiquer quelques-unes des choses les plus saillantes pour faire comprendre l'importance et la richesse de l'ensemble.

La *Garniture Henri II* est une conception heureuse ; à l'aide de documents authentiques, M. Lemaire a reconstitué une série de pièces d'un style extrêmement pur : la pendule, les flambeaux, les chenets amalgamés de cuivre rouge et jaune sont d'un dessin irréprochable et d'un fini merveilleux.

Le grand buste de *Vénus Victrix*, du sculpteur Robert, est une œuvre magistrale qui reçoit chaque jour des éloges sans restriction.

Les deux bustes d'*Henriette d'Entragues* et de *Gabrielle d'Estrées*, en bronze argenté et ciselé, sont d'une variété d'expression absolument historique, et les détails des costumes ont été scrupuleusement observés.

M. Lemaire, nous ne saurions trop l'en féliciter, a conquis sa réputation à force de travail et de persévérance. Parti des rangs les plus obscurs, il est arrivé au sommet de l'industrie artistique, et après avoir remporté toutes les médailles de 1855, 1862, 1867 et 1873, à Vienne, il n'a plus à attendre, aujourd'hui, que la consécration d'une vie laborieuse et utile pour l'art.

Cette année, le jury, rendant justice à tant d'œuvres excellentes, a décerné à M. Lemaire le Prix d'honneur.

DIEHL

AMEUBLEMENTS

19, rue Michel-Lecomte.

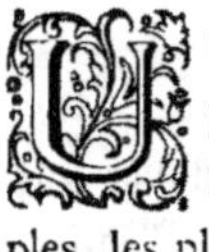

UNE organisation manufacturière de premier ordre permet à M. Diehl d'étendre à l'infini les variétés de l'ébénisterie, et de produire les meubles les plus simples, les plus modestes, ainsi que les œuvres d'art de la plus grande richesse; son exposition parcourt toute la gamme de l'ameublement, depuis la table la plus simple jusqu'au lit éblouissant de ciselure et d'or.

Il y a, dans le nombre considérable des œuvres exposées, plusieurs pièces remarquables, parmi lesquelles nous devons mentionner un meuble dont le panneau représente un roi franc sur son char traîné par des bœufs; c'est une composition hardie, vigoureuse, à laquelle l'artiste a su donner le mouvement et la vie. Le style grec est représenté par un ameublement d'un luxe inouï; le lit, les torchères, la table ronde, sont d'un grand effet décoratif; le bronze ciselé et doré, la marqueterie y sont disposés avec beaucoup de bonheur ; la table notamment provoque l'admiration des visiteurs; elle est supportée par huit pieds ornés de figures fort bien exécutées , et la monture en est merveilleuse ; la marqueterie représente une course en char, d'un travail hors ligne. Nous avons fort admiré également un grand bahut Louis XVI , dont le bois d'acajou moucheté est rehaussé avec beaucoup de goût par le bronze doré à l'or mat ; la composition de ce meuble révèle le talent exceptionnel de M. Reisner pour l'ébénisterie, et de M. Gouthière pour la ciselure ; il serait injuste aussi de ne point accorder une mention particulière au bureau du même style, capitonné à l'intérieur en satin violet à Trianon, il eût eu la place d'honneur dans l'appartement de la reine. Le meuble à bijoux Renaissance est d'une architecture irréprochable; toutes les parties en sont traitées savamment, et la marqueterie d'ivoire, délicatement incrustée dans le bois d'ébène, offre à l'œil l'effet le plus charmant.

Nous ne pouvons passer en revue tous les coffrets Renaissance, Louis XIII, les caves à liqueurs, les jardinières et toute cette variété des spécimens d'ameublements de toutes les époques ; nous ne pouvons que constater le succès très vif de cette puissance de production de la Maison Diehl, et reconnaître que si ses efforts ont été appréciés dans toutes les Expositions de France et de l'Étranger, le public français particulièrement a depuis longtemps classé M. Diehl parmi les industriels qui ne négligent rien pour augmenter la richesse artistique de la France.

Nous ne finirons pas cette notice sans offrir nos félicitations à M. Wassmus, expert d'art et représentant de cette Maison, dont l'expérience et les connaissances approfondies sont aussi utiles à M. Diehl qu'agréables aux visiteurs.

Hors concours.

A. SCHLOSSMACHER

PEINTURES SUR PORCELAINE

9, rue Sainte-Anastase.

ELON Scaliger, ce fut vers 1540 que l'on trouva le moyen d'appliquer la peinture sur porcelaine. Cependant un auteur italien, Pacheri, prétend qu'au xiiie siècle la ville de Pezzaro contenait un grand nombre de peintres sur faïence ; nous n'approfondirons pas cette question pour arriver de suite à l'importation de cet art en France.

Vers 1520, les Portugais peignaient déjà très bien la porcelaine ; plusieurs cloîtres de Franciscains, à Lisbonne, ont conservé de curieuses faïences peintes en bleu, et représentant des figures de grandeur naturelle. On y voit, entre autres, celle d'un moine qui, trouvant trop maigre l'ordinaire du couvent, avait imaginé de faire cuire, dans sa cellule, un œuf à la lumière de sa chandelle. Le supérieur le surprit, occupé de sa petite cuisine, et l'admonesta vertement ; pour s'excuser, le moine répondit que le diable l'avait tenté en lui suggérant cet expédient. Aussitôt le diable lui-même, qui était caché sous la table, parut en s'écriant : « Tu en as menti, chien de moine, ce tour-là n'est pas de mon invention ; c'est toi qui viens de me l'apprendre. »

Quelques années après, les Portugais portèrent en Angleterre, puis en France, le secret de leur fabrication qui prit bientôt une extension considérable. On faisait alors de la porcelaine tendre ; mais en 1710, on découvrit, en Saxe, le kaolin ; une révolution importante s'opéra dans cette industrie. Le *vieux Saxe* fut longtemps en faveur. En 1765, on trouva à Saint-Yrieix, près de Limoges, des gisements de kaolin qui permirent d'entreprendre, en France, la fabrication de la porcelaine dure. La *manufacture de Sèvres*, déjà florissante à cette époque, fit alors de rapides progrès et atteignit son plus haut degré de perfection.

Alexandre Brongniart, directeur de la Manufacture, sous le Consulat, donna encore une nouvelle impulsion à la magnificence de ses produits et les porta à l'apogée de leur réputation universelle.

Nous confessons à regret que, depuis cette époque, *Sèvres* n'a pas fait un pas. Parmi les causes qui ont arrêté cet établissement dans sa marche progressive, nous n'en relèverons que deux, mais elles sont essentielles : la substitution de la chimie à la peinture, et la modicité des appointements alloués aux artistes.

Le grand art de la peinture sur porcelaine refusant l'honneur d'être étranglé par des mains officielles, a pris le parti de se réfugier ailleurs. Nous l'avons retrouvé chez M. A. Schlossmacher.

Nos confrères de la presse l'ont constaté : cette exposition est une révélation. Il n'est pas, en effet, un seul produit qui ne soit parfait; quelques-uns sont des chefs-d'œuvre.

Deux plaques sont l'objet d'une admiration générale : l'une a pour titre : *Les Châteaux en Espagne*. Un incroyable, dans une attitude adorable d'effronterie amoureuse, cherche à convaincre une délicieuse enfant, dont la physionomie attentive et rêveuse est pleine de charme et de grâce. C'est une belle composition : les proportions en sont harmonieuses et le coloris vigoureux et franc. L'autre, *la Japonaise à sa toilette*, est la page la plus ensoleillée qui se puisse voir; nous ne saurions trop signaler la correction du dessin, la justesse des mouvements, la vérité saisissante de l'expression. Ces deux plaques, tout à fait dignes du Musée céramique de Sèvres, sont signées de M. Sieffert, directeur des peintres de M. A. Schlossmacher. Son nom est désormais acquis à l'histoire de la peinture sur porcelaine.

Bien que cet art ne prête guère à une manière de faire beaucoup plus large que celle de la miniature, des artistes habiles ont pu exécuter des tableaux d'après les plus grands maîtres. Le Musée céramique de Sèvres nous montre aussi quelques merveilleux spécimens obtenus après mille difficultés, au nombre desquelles se place d'abord l'épreuve du feu ; on sait que le peintre doit la faire subir deux ou trois fois à son ouvrage pendant le cours de son travail.

Un meuble extrêmement remarquable aussi, c'est la Console Louis XVI avec application de porcelaines entourées de bronzes finement ciselés.

M. A. Schlossmacher vient de prendre le premier rang dans l'art si difficile du porcelainier ; nous ne le quitterons pas sans souhaiter qu'il lui rende sa splendeur des plus belles époques.

P. S. Nous venons d'apprendre que le jury a décerné à M. Schlossmacher la médaille de 1re classe. M. Sieffert a obtenu également une médaille de coopérateur de 1re classe.

DELAGRAVE (Charles)

LIBRAIRE-ÉDITEUR

58, rue des Écoles.

IL nous souvient encore de l'effroi que nous inspirait jadis la vue des signes fantastiques désignés au tableau du professeur sous le nom d'angles, de triangles, d'isoscèles, de tétraèdres, etc. ; toutes ces notions de géométrie si arides pour les jeunes intelligences, nous mettaient à la torture et nous valaient d'abominables pensums « aussi justes que sévères, » mais c'était certainement moins notre faute que celle de la sécheresse de l'enseignement d'alors.

M. Delagrave semble avoir été frappé des difficultés dont l'étude de la géométrie est entourée, et il a, fort heureusement imaginé de lui appliquer des procédés analogues à ceux employés dans d'autres branches de l'instruction des enfants.

Le professeur qui veut apprendre à ses élèves ce que c'est que le fer, leur montre d'abord un morceau de minerai, leur en fait remarquer tous les signes distinctifs, leur explique comment on sépare les molécules ferrugineuses des molécules terreuses, et enfin, il leur fait toucher le fer. L'enfant retient la leçon parce qu'il a vu et touché.

M. Delagrave ne procède pas différemment. Il a construit des modèles mobiles qui reproduisent toutes les figures géométriques, et qui, grâce à leurs ingénieuses combinaisons, rendent l'étude de la géométrie élémentaire facile et attrayante.

Il se produit en France un très grand mouvement pour l'instruction populaire, et il est permis d'en attendre les meilleurs résultats, surtout si l'on cherche constamment des innovations utiles et pratiques. M. Delagrave s'est inspiré ici de l'amour du progrès, et la science doit lui être reconnaissante des efforts qu'il fait pour sa propagation et son développement.

SOYER (Paul)

PEINTRE ÉMAILLEUR

4 bis, Rue Saint-Sauveur.

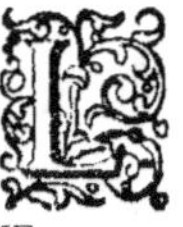

LA vitrine de M. PAUL SOYER est un écrin ; les coupes, drageoirs, étuis, flacons à odeur qu'elle renferme sont de véritables bijoux qu'on ne peut se lasser de voir. Tous ces objets en métaux précieux recouverts d'émaux et de peintures sont les produits les plus remarquables qu'il soit possible de voir dans l'industrie de l'émailleur.

Le *Baguier renaissance* italienne, sur fond émail noir avec rehauts de blanc teinté de couleurs diverses sobrement employées, est une petite merveille de dessin ornemental et de finesse d'exécution ; au centre est un médaillon représentant Marie de Médicis. Du vivant de cette reine, ce portrait eût valu à M. Soyer les plus hautes distinctions ou quelque bon coup de dague d'un rival florentin jaloux de cette prise de possession de son art national.

La petite coupe Louis XVI, représentant la *Toilette de Vénus*, est également fort jolie.

Le fils de M. Soyer a conquis une place brillante à côté de son père dont il est devenu l'un des meilleurs collaborateurs ; c'est un peintre d'émail de beaucoup de talent ; nous nous rappelons avoir vu de lui, au Salon de 1870, un émail genre Limousin (*Le Triomphe de la Beauté*, d'après Cipriani), qui dénotait de rares qualités d'artiste. L'un et l'autre doivent élargir encore le champ de la peinture sur émail. Sous leur habile inspiration, des graveurs, des ciseleurs, des peintres et des émailleurs, exécutent les merveilles qui, après dix années d'un travail persévérant, ont fait de M. Soyer un maître incontesté. Justement apprécié par le jury, il vient de recevoir un prix de 1ʳᵉ classe.

BERTRAND

GALVANOPLASTIE

3, rue des Archives.

Nous regrettons que cette Maison, déjà médaillée aux Expositions de 1865, 1867, 1869 et l'année dernière à Vienne, ne nous ait pas présenté un choix plus complet des nombreux produits de sa fabrication.

Parmi les quelques spécimens qui figurent au Palais de l'Industrie, nous avons particulièrement remarqué un coffret Renaissance en vieil argent, deux magnifiques chopes flamandes, et surtout une aiguière mauresque, dont la richesse de dessin et la merveilleuse exécution conquièrent tous les suffrages ; nous signalerons encore une aiguière Lepautre et son plateau sculpté par Blancheteau, et ciselé par M. Fannière ; une boîte à mouchoirs, un coffret Watteau, une cassette Renaissance et une ronde d'enfants que M Larrue, de Sèvres, a sculpté avec un rare talent ; au nombre des collaborateurs de M. Bertrand, nous retrouvons M. Lhôte, un ciseleur de la meilleure école.

Nous le répétons, l'exposition de M. Bertrand est de celles qu'il faut voir et revoir encore, tout en regrettant que l'exposant ait été si avare des bons modèles dont il est si riche.

M. Bertrand a été récompensé par le jury, et c'était justice.

RIGOLET (René)

CISELEUR, FABRICANT DE BRONZES D'ART

10, quai de Jemmapes.

ETTE Maison est depuis longtemps familiarisée avec le succès, et les nombreuses récompenses qu'elle a obtenues dans les Expositions attestent que, partout, les jurys ont apprécié le très réel mérite des œuvres de M. René Rigolet. Ce qui les distingue et les signale à l'attention toute spéciale des artistes et des amateurs, c'est leur élégance, leur délicatesse et leur ciselure merveilleuse ; celle-ci est due au talent exceptionnel de M. Rigolet qui fut, si nous nous en sou-

venons bien, l'un des collaborateurs d'un ciseleur de la grande
école : le regretté Vecht.

Nous ne saurions trop recommander aussi les œuvres du
sculpteur Arson, éditées par M. Rigolet ; elles ont des qualités de
premier ordre et visent presque toujours un but pratique : elles
servent de flambeaux, d'encriers, de garnitures, etc., etc.; quelques objets sont de véritables chefs-d'œuvre de goût ; ainsi le
petit ciseau pêchant des vers, qui est un bijou de ciselure. Dans
un genre plus relevé, nous mentionnerons de grandes coupes
bronze et argent d'un très beau travail.

M. Rigolet peut ajouter encore à son médaillier un 1er prix, et
M. Arson, son collaborateur, vient de recevoir une médaille de
2e classe.

CHIFFRAY

PEINTURES DÉCORATIVES SUR ÉTOFFES

A Marromme (Seine-Inférieure.

DANS leur description de pompes royales ou de fêtes
publiques, les chroniqueurs du Moyen-Age font souvent mention de toiles peintes à la main pour la décoration des rues et des palais. Dans son *Dictionnaire du
mobilier français*, M. Viollet-le-Duc nous apprend que l'Hôtel-
Dieu de Reims en possède une nombreuse collection, datant de
la fin du xve siècle ou du commencement du xvie.

« ..... Il ne paraît pas, ajoute-t-il. qu'avant le xive siècle, les
« intérieurs des appartements en France fussent tendus de ta-
« pisseries de haute lisse, du moins nous ne trouvons à cet

« égard aucun renseignement certain, mais plutôt de toiles
« peintes et d'étoffes. »

> « .....
> « En haut font tendre les cortines,
> « Ou il y a estoires devines
> « De la loy anciiennes pointes.
> « De maintes bonnes coulors taintes.

Jusqu'au xviie siècle, on combinait la toile peinte aux effets de
tissage pour les étoffes d'ameublement ou d'ornements d'é-
glise ; on était même arrivé à une rare perfection ; il suffit ,
pour s'en convaincre, d'examiner le spécimen de cette fabrication exposé au Musée rétrospectif. On voit encore au Garde-
Meuble une grande tapisserie, dernier vestige de la peinture à
la main, représentant Louis XIV entouré de sa cour, et dont les
couleurs sont aussi vives qu'au moment même de leur application.

Les tapis de haute lisse, les tentures de laine et de soie, et,
plus tard, le papier peint, firent si bien oublier ce genre de décoration, qu'il n'est resté aucune trace des moyens employés
pour l'obtenir.

M. Guichard s'est mis à la recherche des anciens procédés
dont l'inaltérabilité était attestée par plusieurs siècles d'existence. Avec cette persévérance et cet amour de l'art dont il a
donné tant de preuves depuis qu'il est à la tête de l'Union centrale, il est arrivé à renouer les grandes traditions du passé,
aussi bien au point de vue de la décoration, qu'au point de vue
de la solidité des couleurs. Après de nombreux essais, il a retrouvé
le secret de cette fabrication, qui met de côté tous acides ou
réactifs chimiques, et comme expérience concluante, des étoffes
peintes et imprimées par son procédé ont été exposées pendant
six mois à l'air, au soleil et à la pluie, sans subir la moindre
altération. C'est à la suite de ces épreuves que la maison L. Dupont, concessionnaire du brevet, a pu prendre pour devise :
Soleil, air et eau ne redoute.

Cette exposition offre donc un grand intérêt; elle relève l'art ornemental au niveau qu'il occupait au XVIIe siècle, tout en répondant aux besoins de notre époque. Ainsi la tenture que nous avons vue, exécutée d'après le dessin original de M. Questel, architecte, pour les salles du conseil de la Banque de France, est dans un style excellent; tous les dessins de M. Guichard, classés par siècle, sont des adaptations intelligentes, plutôt que des copies d'étoffes anciennes.

Dans cette rénovation importante, nous devons mentionner le soin qu'apporte M. Chiffray dans l'impression des étoffes; chargé de l'exécution, il s'en acquitte avec une habileté qui lui a valu en 1873 le diplôme d'honneur à l'Exposition internationale de Marseille, et cette année, un prix de 2e classe. M. Dupont, concessionnaire du brevet, a obtenu une médaille de 1re classe pour les progrès qu'il a fait faire à cette nouvelle industrie.

GAIDAN

CÉRAMISTE. RESTAURATEUR D'ANTIQUITÉS

104, rue de l'Abbé-Groult (Vaugirard).

A DES titres divers, l'Exposition de M. Gaidan excite la curiosité publique. Tous les collectionneurs d'Europe le reconnaissent comme le plus habile restaurateur d'objets antiques; les amateurs de la céramique le classent parmi les premiers artistes de cette branche de l'art moderne. Il a su retrouver les secrets perdus des faïences italiennes d'Urbino, et l'on peut voir chez lui la collection complète de cette fabrique reproduite avec la plus grande fidélité, autant dans la composition de la pâte que dans le dessin, l'éclat des couleurs et même ce relevé en émail blanc sur les parties éclairées qui est le cachet spécial des Urbino. Les Saxe, les Marseille, les Nevers, les Moustier, les Delft sont reproduits avec le même bonheur, et à l'âge près, il n'y a pas la moindre différence appréciable entre les originaux et les copies. Mais c'est dans l'imitation d'une sorte de faïence japonaise, dite de Satzouma, que M. Gaidan s'est surpassé. Il ne s'agissait pas seulement d'imiter le dessin des originaux, il fallait, avant tout, trouver une terre et un émail qui reproduisissent la fine craquelure des Satzouma ; c'est le vrai mérite de l'œuvre de M. Gaidan d'avoir doté la céramique française d'un genre de faïence fort originale et du meilleur goût, mais qu'il est très difficile de se procurer des lieux d'origine ; les Japonnais en sont très avares. La collection est complète : vases, gourdes, cornets, boites, théières et tasses, rien n'a échapé à l'habileté de l'artiste.

Le jury de la céramique vient de lui accorder la médaille de 1re classe.

PAUTROT & VALLON

BRONZES D'ART

13, boulevard du Temple.

Nous disions dans notre chapitre sur les écoles de dessin, que la nature seule doit servir de modèle aux artistes. C'est sans doute l'opinion de MM, Pautrot et Vallon, car leurs œuvres sont conçues dans un grand sentiment de vérité.

Si nous avions à faire un choix parmi tous les sujets exposés, nous prendrions le *Groupe de faisans dorés de la Chine ;* le mâle amoureux est campé victorieusement ; à l'approche de la femelle, il porte haut la tête et il agite ses ailes ; la faisande vient toute frémissante se pelotonner sous lui, et son attitude est adorable de grâce et de soumission. Si de l'ensemble nous passons aux détails, nous trouvons dans ce groupe un travail de ciselure digne des plus grands éloges. On nous a dit qu'il avait valu à ces messieurs la médaille de mérite à l'Exposition de Vienne 1873; nous le comprenons facilement, car c'est charmant de composition et d'une exécution parfaite.

Nous aimons beaucoup aussi le *Chien perdu;* sa tristesse le fait plaindre; deux autres chiens, l'un braque, l'autre épagneul, gardant leur gibier, ont l'expression d'une vive intelligence. Notons aussi un *Coq furieux* plein de fougue et de vivacité; et une *Perdrix chantant à gorge déployée.* L'artiste l'a posée admirablement; la patte est nerveuse, et les efforts de son gosier soulèvent la plume qui semble suivre les modulations du chant.

Cet ensemble d'œuvres de talent vient d'être recompensé par le jury de l'Union centrale.

CELLIÈRE (Louis)

ÉMAILLEUR SUR VERRE, CÉRAMISTE

20, rue de la Sorbonne.

ONSIEUR Cellière est un peintre de talent qui aborde tous les genres avec bonheur. Son exposition de peintures émaillées sur verre nous offre des ornements dans le style arabe d'une grande fidélité d'exécution; mais où nos éloges lui sont acquis sans restriction, c'est pour ses aiguières faïence au champ noir rehaussé d'argent; elles sont dans le style indo-persan le plus fouillé. De prime abord, on les prendrait pour des produits de l'orfévrerie musulmane, dont elles sont l'exacte reproduction; mais l'illusion cesse vite, et l'on admire le pinceau habile et patient qui a su tracer ces gracieux entre-lacs. Ce travail est un des beaux spécimens de l'art décoratif des peintres céramistes.

BARBIZET (Achille)

FABRICANT CÉRAMISTE

15, Place du Trône.

L vieux fabricant des *rustiques figulines du Roy*, serait bien surpris s'il revenait sur terre, et il y aurait de quoi ! l'œil le plus exercé ne saurait découvrir, d'abord, la moindre différence entre les plats de Bernard Palissy et ceux de Barbizet. C'est la même richesse d'invention, la même réalité de reproduction de la nature morte ou animée ; où l'avantage reste à notre contemporain, c'est dans l'émail qui est du plus vif éclat. Dans son panneau dit : *la Lune de mer*, les coquillages ont des reflets variés d'un effet surprenant. D'ailleurs, il faudrait tout citer dans cette Exposition qui obtient chaque jour un succès plus marqué. Les œuvres capitales ont été vendues ; le Musée céramique de Limoges en a acquis plusieurs, notamment *le Support de Jardinière*, d'un seul morceau, d'une hauteur de 1 mètre 60 ; c'est une pièce admirable. Nous ne mentionnons que pour mémoire une quantité de buires, urnes, vases, statues et statuettes.

M. Barbizet a refusé la médaille de bronze qui lui avait été décernée par le jury.

PFULB & POTTIER

12, Faubourg Saint-Denis.

ES verres émaillés de ces exposants sont d'une grande beauté de formes et d'une réelle habileté d'exécution. MM. Plulb et Pottier semblent avoir retrouvé les meilleures traditions de l'art oriental ; leurs lampes, aussi belles que celles qui firent jadis l'admiration dans les mosquées de l'Orient, sont d'une grande finesse de travail et d'un vif éclat.

Ce sont les seuls chez qui nous ayons rencontré une auss grande variété de dessins.

La légèreté et la transparence de cette matière fragile fait admirablement ressortir la puissance des colorations métalliques qui viennent les rehausser, sans nuire à la vivacité de couleur des émaux.

Nous admirons surtout le relief et le brillant des émaux qui, sous ce rapport et celui de la parfaite adhérence, ne laissent rien à désirer, ce qui est une des grandes difficultés ; car ils résisteront aux atteintes du temps. ·

Nous ne pouvons qu'engager MM. Pfulb et Pottier à développer encore cet art dans lequel ils excellent.

Ils ont obtenu cette année une récompense qui ne peut être que le commencement de celles qui les attendent.

KALTENHEUSER

SCULPTEUR

57 *bis*, avenue de Saxe.

ALTENHEUSER (M.) est un sculpteur fort connu qu compte à son actif, entre autres œuvres, les sculptures de l'Hôtel de Ville de Cambrai, de l'ambassade d'Angleterre, à Paris, de l'hôtel du *Figaro*. Sa réputation d'artiste n'est donc pas à faire, mais il nous paraît utile de faire ressortir l'application de son art à l'industrie dont il nous offre des spécimens d'une valeur incontestable. Ses objets en terre cuite, tels que jardinières, vases, bas-reliefs, statuettes et bustes, révèlent une grande habileté de main. Ses Tritons, ses Naïades et ses Amours pourraient être signés de Clodion.

Ce que nous voulons désigner spécialement à l'attention du public, ce sont ses imitations de sculpture sur pierre de taille. La cherté de la main-d'œuvre et la rareté des ouvriers sculpteurs s'opposent souvent à l'emploi de cette ornementation, laquelle doit réunir plusieurs conditions essentielles. Par le modelage, M. Kaltenheuser exécute toutes les parties sculptées d'un édifice, et non-seulement il obtient une grande économie, mais la solidité de son travail ne le cède en rien à celui de la sculpture sur pierre. Les énormes vases qu'il expose auraient coûté un prix énorme, s'il eût fallu les tirer d'un bloc, et grâce au procédé qu'il emploie, ils sont d'un bon marché étonnant.

Un prix de 1re classe récompense cette année l'indiscutable talent de M. Kaltenheuser.

BARTHE

CÉRAMISTE

Vierzon (Cher).

Ici nous sommes en pleine antiquité : l'argile semble pétrie d'hier pour l'usage des Athéniens. Ces plats et ces vases sont prêts à recevoir le brouet des Spartiates ; ces amphores doivent être remplies du vin de l'épicurien Horace : ces urnes, ces gargoulettes appartiennent sans doute à quelque patricienne de la cour de Romulus... Toute cette exposition présente un caractère précieux : c'est la grande tradition des formes antiques, des dessins, et surtout des emplois auxquels ces poteries étaient destinées.

M. Barthe est le digne continuateur des Étrusques; il a fouillé leur époque, étudié leurs œuvres, et, avec la patience et le courage des artistes convaincus, il a su grandir encore l'art du potier, cet art dont les éléments se composent d'une poignée de terre, d'une roue et d'un four.

La terre berrichonne se prête à merveille à la poterie artistique ; les teintes qu'elle donne ne sont point laiteuses, mais d'un rouge très chaud et inaltérables. Pour les objets d'art, M. Barthe se sert d'une terre spéciale dans laquelle on voit briller, çà et là, quelques microscopiques parcelles de mica, indices certains que la pièce est bien telle qu'elle est sortie du four. Grâce à cette riche matière, il obtient des résultats excellents pour la vulgarisation des chefs-d'œuvre de la sculpture ; toutes les copies qui sortent de ses mains sont rigoureusement exécutées, et travaillées assez délicatement pour prendre place chez les amateurs les plus difficiles.

Nous aimons beaucoup ces poteries à fond d'un beau rouge sombre, revêtues d'émaux cloisonnés appliqués sans vernissage préalable ; elles représentent avec une grande vigueur de ton ces dragons, ces oiseaux, ces fleurs créés par la féconde imagination des Japonais, et aussi par le sens exact qu'ils ont de l'ornementation. L'opposition entre la pureté et la sobriété classiques des lignes et la fantaisie des émaux, forme un contraste singulier et charmant.

M. Barthe a déjà reçu plusieurs récompenses, et notamment deux médailles d'or, l'une à Bourges et l'autre à Chateauroux. C'était justice.

Nous devons aussi nos félicitations à M. Martin, ancien élève de l'école des Beaux-Arts, qui dans la direction de l'usine de M. Barthe, déploie de rares qualités artistiques.

MASSONNET

ÉDITEUR DE MÉDAILLES

52, Faubourg Saint-Denis.

NOTRE époque est aux Expositions ; elles accusent depuis vingt ans de grands et successifs progrès dans les arts, les siences et l'industrie : une noble émulation s'est emparée de notre siècle, et rien n'a été négligé par les gouvernements pour en favoriser la marche : médailles, décorations, subventions, récompenses de toute nature, ont successivement couronné les efforts des exposants.

Or, il importe aux lauréats de perpétuer dans leur famille le souvenir de leurs récompenses ; de les faire connaître au public et d'en parer leurs produits aux Expositions et chez eux.

Dans ce but, M. Massonnet a créé le *Médailler des Exposants*, en lui donnant un caractère d'art qui le distingue de tout ce qui s'est fait jusqu'à ce jour en ce genre.

Nous avons aussi à signaler un bas-relief du *Siége de Paris*, dont la composition est fort belle, et la *Galerie numismatique des Rois de France*, sur laquelle nous appelons l'attention du public : c'est l'histoire de France en médailles. Nous ne saurions trop recommander cette œuvre nationale, qui offre un véritable élément d'instruction en même temps qu'un ornement de bon goût.

BODARD (Emmanuel)

ARTISTE SERRURIER

35, Avenue de Wagram.

Nous avons dit que jamais Tolède n'avait mieux fouillé le fer et l'acier que nos artistes modernes ; ce sont les lanternes de M. Bodart qui nous ont inspiré cette conviction ; sa lanterne de vestibule est d'une grande élégance de forme; les détails ont été travaillés avec soin et finement réussis ; il en expose une autre genre Louis XVI, qui est d'un admirable effet ; extrêmement riche de dessin et d'ornementation , elle conserve beaucoup de légèreté et de grâce.

Ses chandeliers et ses chenets sont aussi d'un véritable artiste. Ils lui ont valu une médaille décernée par le jury de l'Union centrale.

BODART (Jean-Baptiste)

RELEVEUR AU MARTEAU

14, rue de Rocroy.

A serrurerie d'art n'a point de secret pour cet artiste : les lanternes et les chenets qu'il expose sont d'un bon style; le dessin en est heureux et le travail excellent. Le talent avec lequel M. Bodart façonne le fer lui a valu différentes récompenses qui nous semblent parfaitement justifiées; il est impossible, en effet, d'apporter dans la pratique de cet art difficile plus de goût et une meilleure exécution. Ainsi, son coffret Louis XIII, en chêne et fer travaillé, révèle des qualités de premier ordre qui rappellent celles des meilleurs artistes du dix-septième siècle.

PAIN (Sulpice-Dominique)

BIJOUTIER

3, rue de l'Université.

Nous avons remarqué que, dans son examen des produits exposés au Palais de l'Industrie, le jury s'était arrêté tout particulièrement devant la vitrine de M. Pain ; un de nos meilleurs sculpteurs, qui faisait partie de ce jury, semblait même faire ressortir avec chaleur le talent d'initiative et le goût parfait de l'exposant. Il est difficile, en effet, de ne point admirer là une des expressions les plus heureuses de l'industrie artistique ; les bijoux que nous y avons vus sont montés avec beaucoup d'élégance et généralement dans le genre ancien ; M. Pain emploie le vieil argent, l'argent niellé, l'or amalgamé et le platine avec un art merveilleux ; et les pierres vraies ou fausses qui forment la partie principale de son bijou sont disposées de telle façon que non-seulement l'éclat en est très vif, mais qu'elles offrent des joyaux d'un style excellent.

Un des côtés les plus saillants de la bijouterie de M. Pain, c'est son imitation de lapis lazuli, ou, pour mieux dire, son imitation de tous les Lazulites possibles, qu'ils viennent de Perse ou d'Italie, du lac Baïkal ou de la grande Boukharie. Il a sans doute fait une étude très sérieuse de toutes ces différentes pierres, car nous trouvons chez lui des spécimens complets d'une reproduction si absolument exacte, que l'œil le plus exercé ne saurait distinguer le vrai du faux ; c'est la même dureté, le même poids et les mêmes tons ; la Pyrite de fer s'y trouve également selon sa volonté. Il y a là, croyons-nous, une invention fort intéressante, et nous ne doutons pas qu'en raison des prix d'un bon marché surprenant, le lapis français ne prenne promptement une extension considérable.

Une médaille récente est la récompense des efforts de M. Pain.

VOGT

FABRICANT DE FAIENCE

92, rue de la Roquette.

ONSIEUR Vogt fait des poêles en faïence, non le lourd ustensile de chauffage que l'on connaît, mais le poêle artistique complétant l'ornementation élégante de la salle à manger. Nous en avons examiné deux aux dimensions colossales : l'un en faïence verte, l'autre en faïence gris bleuté ; la construction en est heureusement ordonnée, et l'intérieur est agencé avec toutes les modifications de nature à répandre la plus grande quantité de chaleur possible.

M. Vogt fabrique également des panneaux pour cheminées et des revêtements en mosaïque, des carrelages et des incrustations en terre cuite.

Tons ces produits excellemment exécutés viennent de recevoir un prix de 1ʳᵉ classe.

BERGUE

ARTISTE SERRURIER

233. rue du Faubourg Saint-Honoré.

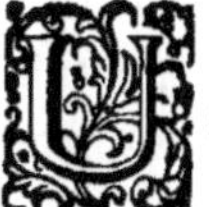 N de nos confrères, M. Chesneau, a publié sur M. Bergue une appréciation qui nous semble si juste et si vraie, que nous n'hésitons pas à la reproduire ici :

M. Chesneau classe les envois de M. Bergue dans l'orfévrerie, bien qu'ils soient simplement en fer ; « ses serrures, dit-il, ses verroux, ses coffrets et ses clefs en fer forgé, découpé, repercé, ciselé, sont comparables à ce que la Renaissance a laissé de plus extraordinaire en ce genre. Les courbes, les pleins-cintres, les ogives, tous ces enchevêtrements compliqués, savants et clairs, tordus avec une souplesse et une liberté étonnantes, sont de véritables chefs-d'œuvre de force et d'élégance.

Il modèle le fer avec la certitude et l'aisance de ces vieux maîtres du quinzième siècle dont il a repris la tradition. Le dur métal, sous ses doigts, prend des souplesses de cire. On en peut juger par son exposition, qui, dans de telles conditions de travail, ne peut être que restreinte.

On y remarquera très spécialement un admirable coffret destiné à être monté sur quatre pieds, en forme de chimères, en cours d'exécution.

Mais plus spécialement, on ne saurait trop louer la *Crucifixion*, qu'il a exécutée comme motif central d'une magnifique serrure, et qui a suffi à prouver que M. Bergue n'est pas seulement un orfèvre en fer purement ornemaniste, mais que son art peut lutter également avec celui des Benvenuto. »

M. Bergue, à son début dans les Expositions, vient de remporter un prix de 1re classe.

GUELTON & Cie

MARBRES FACTICES

10, rue Brunel.

ARMI les progrès les plus étonnants de l'industrie moderne, le *marbre Marezzo* s'impose à l'attention du public par l'importante révolution qu'il est appelé à opérer dans l'ornementation de nos édifices et de nos maisons particulières. Grâce à des procédés de fabrication basés sur des études approfondies de la forme géologique et minéralogique du marbre naturel, MM. Guelton et Ce sont arrivés à produire un marbre d'une compacité, d'une dureté et d'un aspect qui supporte victorieusement la comparaison, étant donnée l'économie considérable que son emploi réalise. Cette économie est de 50 pour cent.

Il ne faut pas confondre le *marbre Marezzo* avec les stucs les mieux soignés ; les premiers ont sur les seconds cette incontestable supériorité d'une inaltérabilité absolue ; insensibles aux changements de température, ils ne peuvent, sous l'action destructive du temps, se gercer, se lézarder ni s'effritter.

Il n'y a donc pas à parler de cette composition qui n'a aucun rapport avec le *Marezzo* ; celui-ci peut être substitué au marbre ordinaire avec d'immenses avantages ; ils ont tous deux la même richesse de tons, le même poli , la même durée indéfinie, et, de plus, M. Guelton peut obtenir avec le factice des dimensions auxquelles le vrai ne peut atteindre.

Les produits exposés au Palais de l'Industrie ont les couleurs les plus vives et une pâte extrêmement homogène ; on les croirait tirées du Paros, du Pentélique, d'Égypte, de Vérone ou de Grenade ; nous y voyons le noir antique , la brèche violette, le jaune de Sienne , le vert Campan, le rouge de Séville et de Molina, etc.

Extrêmement séduit par cette prodigieuse invention, nous avons voulu juger par nous-même de l'effet des travaux exécutés par M. Guelton, et nous sommes allé visiter une cage d'escalier, 65, rue de Morny, dont certains panneaux ont près de six mètres de hauteur , puis l'hôtel de M. le marquis de Trévise, 2, rue de Berry, qui a reçu une très heureuse décoration en *marbre Marezzo*.

Les plus grands architectes de France et d'Angleterre ont déjà apprécié, comme ils le méritent, les utiles travaux de MM. Guelton et Ce ; l'avenir leur réserve une des premières places dans les découvertes de notre époque.

C*AUSSINUS* (de la Drôme)

MÉTALLISATION DU PLATRE

1, rue Saint-Thomas-d'Aquin.

VOILA certainement une des choses les plus étonnantes de l'industrie moderne; jusqu'ici nous ne connaissions que ces affreuses moulures que vendent les petits Piémontais sur nos quais; eh! bien, M. Caussinus, par des recherches laborieuses , est arrivé à donner au plâtre l'aspect du bronze, et la transformation qu'il fait subir à sa matière est si prodigieuse, qu'elle défie la sagacité des plus connaisseurs.

Par la métallisation, M. Caussinus convertit le plâtre en cuivre, en bronze, en fer, en granit, etc., et il obtient une solidité que le temps et le frottement ne peuvent entamer. Grâce à ce procédé, qui n'appartient qu'à lui, il exécute des travaux d'art d'une valeur incontestable; les reproductions de plusieurs chefs-d'œuvre que nous avons vues ont été faites avec une perfection qui ne saurait être surpassée. Qu'il emprunte à l'Antiquité ou à la Renaissance le sujet qu'il veut reproduire, il lui donne cette apparence, ce ressué que les effluves séculaires donnent aux métaux et à certaines pierres.

Son grand plat, d'après Benvenuto Cellini, est merveilleux d'exactitude; les détails les plus minutieux sont observés, le ton général est parfait. Son bouclier et son casque Henri II sont très purs d'exécution, et les copies du musée égyptien, le *lion de Ninive*, par exemple, sont irréprochables.

M. Caussinus a déjà obtenu plusieurs récompenses parfaitement méritées, car il rend d'importants services à l'art et aux artistes; un jour viendra où les collectionneurs les plus difficiles tiendront à posséder ses plâtres faits bronzes.

BOURDON & ROBERT

SERVICES DE TABLE

39, rue de Paradis-Poissonnière, et à Limoges.

ARMI les magnifiques services de table décorés en or et couleurs au grand feu exposés par ces fabricants, nous avons remarqué un Service à dessert orné de fleurs, de fruits et d'oiseaux d'un travail hors ligne. Le dessin et la finesse du coloris en font certainement une des pièces les mieux réussies de l'Exposition céramique. C'est de l'art pur, mais essentiellement commercial et que l'exportation doit accueillir avec empressement. Cette maison, qui compte déjà trente-cinq années d'existence, réussit avec le même bonheur les porcelaines de Limoges.